Von E. Gambsch sind außerdem erschienen:

Die 300 besten Politiker-Witze (Band 73040)
Die 300 besten Schlafzimmer-Witze (Band 73041)
Die 300 besten Professoren-Witze (Band 73042)
Die 300 besten Fußballer-Witze (Band 73045)
Die 300 besten Lehrer-Witze (Band 73044)
Die 1000 besten Witze der Welt (Band 73056)
Die 300 besten Kinder-Witze (Band 73062)
Die 300 besten Bett-Witze (Band 73064)
Die 200 besten Hochzeits-Witze (Band 73066)

Originalausgabe Januar 1998
Copyright © 1998 Droemersche Verlagsanstalt Th. Knaur Nachf.,
München

Satz: IBV Satz- und Datentechnik GmbH, Berlin
Reproduktion: Repro Knopp, Inning/Ammersee
Druck und Bindung: Ebner Ulm
Printed in Germany
ISBN 3-426-73063-4

5 4 3 2 1

E. Gambsch (Hrsg.)

Die 300 besten
Männer-Witze

Mit Illustrationen von Dietmar Grosse

Inhalt

»Hier hast du hundert Mark – geh rein und blamier dich«

oder

Der Sexmuffel

Die Frau des Golfers ist unter den Zuschauern, als ihr Exmann in einem besonders wichtigen Turnier mitspielt. Der Ex ist nicht besonders in Form, und der Ball rollt oft daneben. Die Geschiedene lacht bei jedem Fehlschlag und sagt immer wieder: »So ist er halt. Selbst das Riesenloch auf dem Grün kann er nicht finden.«

*

Sagt er: »Der Goldpreis steigt und steigt.«
Meint sie: »Könntest du dir nichts vergolden lassen?«

*

Er ist zwei Jahre verheiratet und jammert: »Die Ehe ist nichts für mich. Da strengt man sich fürchterlich an, sie im Bett hochzujubeln – und ein Vierteljahr später will sie schon wieder.«

Warum heiraten Männer am liebsten Jungfrauen?

Weil Männer keine Kritik vertragen können.

Seufzend sagt die Freundin: »Du hast es gut. Du hast deinen Mann und außerdem noch einen Hausfreund.«
Bedauert die Ehefrau: »Irrtum, denn da verläßt sich der eine immer auf den anderen.«

*

Er liegt auf ihr, und sie fragt: »Ist was?«
»Nein«, sagt er. »Aber warum fragst du?«
»Mir war so, als hättest du dich bewegt.«

Nach der Untersuchung fragt der Arzt die Patientin: »Wie oft haben Sie eigentlich Sex?«
»So ein-, zweimal.«
»In der Woche?« erkundigt sich der Arzt.
Sie lacht und antwortet: »Nein, im Jahr.«
Der Arzt ist entsetzt und bittet die junge Frau, ihren Mann vorbeizuschicken. Dem erklärt der Doktor am nächsten Tag: »Sie müssen unbedingt öfter mit Ihrer Frau schlafen, und zwar mindestens zweimal in der Woche. Sonst muß sie sterben.«
Zu Hause fragt die Frau ihren Mann: »Was hat der Arzt gesagt?«
Brummt er: »Du mußt sterben.«

*

Beklagt sie sich: »Mein Mann hat sich in all den Jahren nicht geändert: Als Baby ist er zu früh gekommen, und daran hat sich bis heute nichts geändert.«

*

Er war vier Wochen auf Montage, und als er zurückkommt, zieht er seinen Mantel aus und bemerkt: »Der muß dringend mal gebürstet werden.«
Seine Frau schmiegt sich zärtlich an ihn und flüstert: »Nicht nur der, mein Liebling, sondern ich auch mal wieder.«

*

Fragt der eine Ehemann den anderen: »Wie oft schläfst du mit deiner Frau?«
»Zweimal.«
»Welches ist die bessere Nummer?«
»Die im Winter.«

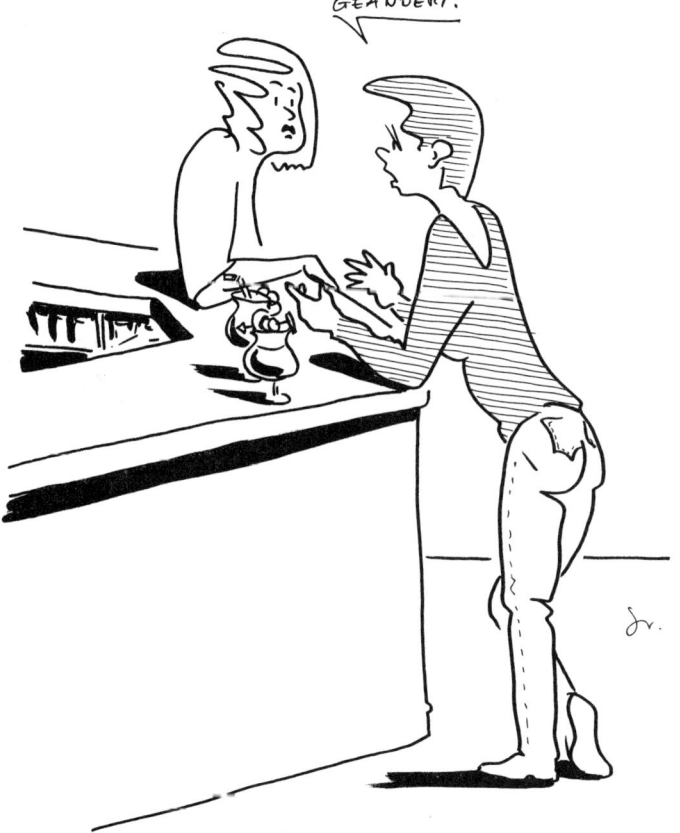

Am Frühstückstisch fragt der Junior: »Papa, was ist eigentlich Potenz?«
Die Mutter lacht und antwortet, bevor der Vater den Mund aufbekommt: »Für deinen Vater ein Fremdwort!«

*

Axel erwischt seine Frau mit einem fremden Mann im Bett und schimpft: »Du Hure, du Schlampe, du Flittchen...«
»Halt den Mund!« fährt sie ihn an. »Schau lieber gut zu, damit du endlich lernst, wie es geht.«

Und das steht fest:

Um einer Frau die Hölle heiß machen zu können, müßte in der Hose erst mal der Teufel los sein.

Frau Nettelbeck gesteht ihrem Arzt, daß ihr Mann, mit dem sie seit über zwei Jahren verheiratet ist, noch nicht mit ihr geschlafen hat. Daraufhin bittet der Doktor, daß sie beim nächsten Besuch ihren Mann mitbringt.
Sie kommt mit ihrem Herrn Gemahl wieder, und der Arzt sagt: »Frau Nettelbeck, machen Sie sich einmal frei – und Sie, Herr Nettelbeck, schauen aufmerksam zu!«
Danach zieht sich auch der Mediziner aus, greift sich die vernachlässigte Frau und besorgt es ihr nach allen Regeln der höheren Liebeskunst.
Als er endlich fertig ist, sieht er Herrn Nettelbeck an und erklärt: »Merken Sie sich: das braucht Ihre Frau wenigstens zwei-, dreimal die Woche.«
Nickt der Ehemann: »Ich habe begriffen – aber muß ich jedesmal mitkommen?«

Es war einmal eine Königin, die bei jeder Gelegenheit ihren Mann, den König, betrog. Darüber macht ihr der Kardinal heftige Vorwürfe. Die Königin rechtfertigt sich nicht, sondern lädt den Geistlichen zum Abendessen ein. Es gibt Fasan, der dem hohen Gast sichtlich schmeckt. Für den nächsten Abend lädt die Königin den Geistlichen wieder ein, und es gibt wieder Fasan. Der Kardinal ist schon nicht mehr so begeistert. Und als er eine ganze Woche lang jeden Abend Fasan essen muß, sagt er schließlich: »Verzeihen Sie bitte, Majestät, aber jeden Abend Fasan, immer wieder nur Fasan...«

»Ja, ja«, antwortet die Königin lächelnd, »jeden Tag der König, immer wieder nur der König...«

*

Lächelnd sagt sie: »Sexuell verstanden wir uns in den zehn Jahren unserer Ehe ganz ausgezeichnet, und zwar beide Male. Nicht wahr, mein Herzensbrecher?«

*

»Wenn mein Mann endlich seinen Höhepunkt erreicht, läßt er immer einen Urschrei wie Tarzan los.«
»Aber das muß doch ein sehr befriedigendes Gefühl für dich sein.«
»Eigentlich nicht. Denn ich wache jedesmal davon auf.«

*

Ein Mann schlendert mit seiner Frau durch eine verrufene Straße, und er renkt sich fast den Hals aus nach all den Frauen, die dort in den Fenstern sitzen.
Als es seiner Frau zu bunt wird, greift sie in ihre Handtasche und sagt zu ihrem Mann: »Hier hast du hundert Mark – geh rein und blamier dich!«

Vorwurfsvoll sagt er zu ihr: »Unser Eheleben müßte unbedingt mal aufgefrischt werden.«
»Ganz meine Meinung«, ist sie einverstanden. »Willst du nicht ein paar Wochen verreisen?«

*

Beim Frühstück sagt er: »Wenn ich meinen Kaffee getrunken habe, fühle ich mich immer um zehn Jahre jünger.«
Bittet sie: »Ach, Liebling, könntest du in Zukunft nicht auch vor dem Schlafengehen noch eine Tasse Kaffee trinken?«

*

»Im Bett ist mein Mann wie ein Vulkan.«
»So feurig?«
»Nein: nur alle paar Jahre ein Ausbruch.«

*

»Gehst du eigentlich noch mit deiner Frau ins Bett?« fragt der Freund.
»Nur, wenn ich müde bin.«

Warum hat Gott den Mann erschaffen?

Weil ein Vibrator nicht Rasen mähen kann.

»Aber du kannst doch nicht während des Bumsens einfach eine Pralinenschachtel leer futtern«, beklagt er sich.
»Warum nicht? Ich will doch auch ein bißchen Vergnügen haben.«

Der Junior fragt: »Stimmt es, Vati, daß Mohammedaner manchmal ein Dutzend Frauen haben?«
Da lacht die Mutter laut auf.
»Warum lachst du so boshaft?« erkundigt sich der Vater.
»Mir fiel nur ein, was du für ein schlechter Mohammedaner wärst.«

*

»Meine Frau und ich leben in schönster sexueller Harmonie«, sagt er zu seinem Freund.
»Und was heißt das?«
»Gestern abend hatten wir schon wieder beide Kopfschmerzen.«

*

Die Familie sitzt beim Abendessen, und der kleine Sven fragt: »Du, Mutti, was ist eigentlich Geschlechtsverkehr?«
Die Mama schaut ihren Mann an und sagt: »Wenn ich das wüßte...«

*

Trinkel packt Koffer, und seine Frau fragt: »Wo willst du denn hin?«
»Nach San Remo.«
»Und was willst du dort?«
»Geld verdienen. Dort gibt es nämlich Frauen, die einem Mann zweihundert Mark bezahlen, wenn er einmal mit ihnen schläft.«
Frau Trinkel nickt lächelnd und beginnt ebenfalls, Koffer zu packen.
Fragt Trinkel: »Und wo willst du hin?«
»Ich fahre mit. Ich möchte doch einmal sehen, wie du mit zweihundert Mark in sechs Wochen auskommst.«

Mesterham ist seit einem Vierteljahr verheiratet und beklagt sich bei einem Kollegen: »Meine Frau macht mich noch verrückt. Morgens will sie geliebt werden, mittags, abends und selbstverständlich auch in der Nacht.«
»Macht es dir denn keinen Spaß?«
»Keine Ahnung. Ich habe es ja noch nicht ausprobiert.«

Der ideale Mann sollte reich, potent und dumm sein.

Leider sind die meisten Männer nicht annähernd so reich und potent, wie sie dumm sind.

Beim Arzt klagt Lichtenstern über Probleme im ehelichen Liebesleben: »Beim erstenmal ist alles in Ordnung, aber beim zweitenmal fange ich so an zu schwitzen, daß überhaupt nichts klappt.«
Als Lichtensterns Frau zwei Wochen später den Doktor besucht, fragt der sie: »Finden Sie es nicht seltsam, daß Ihr Mann bei dem zweiten Mal so erschöpft ist, daß ihm sogar der Schweiß ausbricht?«
»Keineswegs«, erklärt Frau Lichtenstern dem Arzt. »Beim erstenmal ist es Januar, aber beim zweitenmal schließlich August.«

*

Zwei Freunde fachsimpeln über Schach, und die Ehefrau des einen mischt sich immer wieder im unpassenden Augenblick ein.
Schließlich wird es dem Ehemann zu dumm, und er fragt provokant: »Sag mal, weißt du denn überhaupt, was eine Hängepartie ist?«
Seufzt sie: »Ja, leider...«

Treffen sich zwei Freunde, und der eine fragt: »Na, wie geht's?«
Sagt der andere: »Zweimal im Monat.«
»Nein, ich meine zu Hause.«
»Ach, zu Hause geht es gar nicht mehr.«

*

Der Ehemann bekommt mitten in der Nacht Lustgefühle und weckt seine Frau.
Verschlafen murmelt seine bessere Hälfte: »Nur weil du dein Vergnügen willst, mußt du mich doch nicht wecken. Du weißt doch, wo alles ist.«

Manche Ehemänner sind wie schlechte Reporter.

Sie haben nichts zu melden.

»Komisch«, sagt Fritsche, »Sie waren doch Doblers bester Freund, und jetzt grüßt er Sie nicht einmal mehr.«
»Das hat schon seinen Grund. Ich war über vier Jahre lang der Geliebte seiner Frau, und Dobler hatte im Bett seine Ruhe. Aber dann habe ich mit ihr Schluß gemacht, und das hat mir Dobler bis heute nicht verziehen.«

*

Bedauert er: »Was wäre ich froh, wenn es mir so gutginge wie einst Adam.«
»Warum?« fragt sein Kollege.
»Weil dem die Eva nie sagen konnte, daß ihr erster Mann im Bett besser war als er.«

Elvira sagt zu ihrer Freundin: »Mein Fred ist ein alltäglicher Mann.«
»Da hast du aber großes Glück. Mein Mann ist höchstens allmonatlich.«

*

Mit stolzgeschwellter Brust sagt er: »Ich komme immer zuerst!«
Mault sie: »Das ist ja gerade dein größter Fehler.«

*

Sagt der neue Freund: »Ich liebe dich so, wie dich noch kein Mann geliebt hat.«
Weist sie ihn zurecht: »Keine Vergleiche! Was weißt du schon von deinen Vorgängern.«

*

»Komisch, daß Irene immer noch keinen Nachwuchs hat, obwohl sie schon seit sechs Jahren verheiratet ist.«
»Überhaupt nicht. Schließlich läßt Irenes Mann sie keinen Augenblick allein.«

*

»Im Orient hat ein reicher Scheich bis zu achtzig Frauen«, sagt Saxinger zu seiner Frau.
»Müssen das Männer sein«, staunt sie mit glänzenden Augen. »Und du hast schon so viel Mühe mit der einen.«

»Und dann kommt man nach Hause und sieht alles doppelt«

oder

Der Saufkopp

In der Kneipe philosophiert er so vor sich hin: »Eigentlich ist es ja Blödsinn. Da hockt man hier rum und trinkt ein Glas nach dem anderen, bloß um seine Alte zu vergessen. Und dann kommt man nach Hause und sieht sie doppelt.«

*

Er hat sich wieder einmal über seine Frau geärgert, geht in die nächste Kneipe, kippt einen Klaren nach dem anderen, stiert auf die leeren Gläser und murmelt wütend: »Nicht zu glauben, was mich dieses Weib für Geld kostet!«

*

Fritzmeier kommt ziemlich betrunken nach Hause und schimpft gleich los: »Das ist doch schon wieder ein grauenvolles Fernsehprogramm, und da haben sie auch noch so einen widerwärtigen Kerl als Ansager.«
Klärt ihn seine Frau auf: »Du stehst vor dem Spiegel!«

Warum müssen Frauen eher hübsch als intelligent sein?

Weil Männer besser sehen als denken können.

Riedler jammert: »Ich wollte, meine Frau käme zu mir zurück.«
»Wann hat sie dich denn verlassen?«
»Vor vier Wochen. Sie wollte nur eine Flasche Bier holen, aber sie kam nicht wieder.«
»Und nun merkst du, daß du ohne sie nicht leben kannst?«
»Blödsinn, im Kühlschrank ist kein Bier mehr.«

»Ruf doch meine Frau an«, bittet Prunkel den Kneipier, »und sage, ich käme erst nach Mitternacht nach Hause.«
Der Wirt telefoniert, und Prunkel fragt: »Na, was hat sie gesagt?«
»Sie wollte nur wissen, ob sie sich auch fest darauf verlassen könnte.«

*

Zwei Betrunkene wanken heimwärts, und der eine sagt: »Ich wollte, ich wäre eine Maus.«
»Warum denn?«
»Weil meine Frau vor Mäusen so eine Angst hat.«

*

»Glück im Spiel, Pech in der Liebe«, sagt der Mann, der beim Pokern seine Frau einsetzt und gewinnt.

Warum sind Blondinenwitze so schrecklich albern?

Weil die Männer sonst nichts zu lachen haben.

Alexander und Christoph wollen ihr bisheriges Lotterleben beenden.
»Und was machen wir heute abend?« will Christoph wissen.
»Wir lassen den Zufall entscheiden. Wir werfen ein Markstück in die Höhe. Kommt die Zahl, gehen wir zur Rathausstube, kommt die andere Seite, in den Bären.«
»Aber wir wollten doch solide werden?« wundert sich Christoph.
»Selbstverständlich. Wenn die Münze auf der Kante stehenbleibt, bleiben wir auch zu Hause.«

Als Brummer betrunken heimkommt, schimpft seine Frau: »Du Scheusal stinkst ja schon wieder nach Schnaps!«
Stammelt Brummer: »Verdammt, wegen dir werde ich doch kein Kölnisch Wasser trinken.«

*

Lange nach Mitternacht wankt Grieshaber in eine Bar und ruft: »He, Mixer, ich brauche etwas Eiskaltes, aber scharf und bitter muß es sein.«
»Okay«, gähnt der Mixer. »Wie wäre es mit der Frau vom Chef?«

*

Plattner: »Das war ja wirklich ein sehr feuchtfröhlicher Abend. Und danach bin ich sogar auf dem Polizeirevier gelandet.«
»Du Glückspilz«, meint sein Freund. »Mich haben ein paar Kumpels nach Hause gebracht.«

*

Betrunken torkelt er in die Wohnung, und wütend will seine Frau von ihm wissen: »Kannst du mir überhaupt noch ins Gesicht sehen?«
»Ach Gott«, meint er, »man gewöhnt sich an alles.«

*

Am Morgen sagt der verkaterte Ehemann: »Entschuldige, daß ich heute nacht mit einem Mordsrausch und einem blauen Auge heimgekommen bin.«
Beruhigt ihn seine Frau: »Um ehrlich zu sein: das blaue Auge hast du noch nicht gehabt.«

Am Morgen fragt er: »Woher habe ich bloß die Brandblasen in meinem Mund?«

»Als du heute nacht nach Hause gekommen bist, wolltest du mit mir unbedingt mit dem Inhalt meiner heißen Wärmflasche auf meine Gesundheit anstoßen.«

*

Besoffen taumeln zwei Saufbrüder nach Hause, und der eine sagt: »Wenn ich jetzt nach Hause komme, kocht meine Alte vor Wut.«

Entgegnet der andere: »Du hast es aber gut. Ich bekomme um diese Zeit nichts Warmes mehr zu essen.«

*

»Wie sieht denn der Grimmelsstaken aus? Wer hat denn den so zugerichtet?«

»Er ist gestern am frühen Abend nüchtern nach Hause gekommen. Und da hat ihn sein Hund nicht wiedererkannt.«

Was haben Männer und Bierflaschen gemeinsam?

Sie sind beide vom Hals aufwärts leer.

»Ich weiß nicht, was mit meinem Mann los ist. Ein Cognac macht ihn immer total blau«, sagt Frau Zwick.

»Ein Cognac?« wundert sich ihre Freundin.

»Ja«, sagt Frau Zwick. »Und meistens ist es der siebzehnte.«

Der Wirt sagt: »Herr Hohenberg, Ihre Frau hat angerufen und bittet Sie, nach Hause zu kommen.«

»Meine Alte bittet mich? Das kann nur ein Irrtum sein. Diese Anruferin muß einen anderen Hohenberg gemeint haben.«

*

Zengler kommt um vier Uhr früh nach Hause. Seine Frau ist in Weißglut und zetert: »Du alter Säufer, zwischen dir und mir ist es endgültig aus. Ich habe dir kein Wort mehr zu sagen.«

»Gut«, sagt Zengler stöhnend, »aber mach es bitte kurz.«

*

»Mutti, denk dir, das Kamel kann eine Woche arbeiten, ohne zu trinken.«

»Bei deinem Vater ist das genau umgekehrt.«

Was passiert, wenn sich eine Frau an einen Mann anlehnt?

Er fällt um.

»Haben Sie meine Vorschrift befolgt?« fragt der Arzt. »Jeden Tag drei Pillen und jedesmal einen kleinen Schluck Cognac hinterher?«

»Ja, Herr Doktor. Mit den Pillen bin ich zwar einen Monat im Rückstand, dafür aber mit dem Cognac ein Vierteljahr voraus.«

Als ihr Mann ausgehen will, jammert sie: »Du willst heute in die Kneipe, und morgen müssen wir die nächste Rate für das Auto zahlen.«

Der Ehemann beruhigt sie: »Ach was, bis morgen bin ich doch wieder zurück.«

*

Mitten in der Nacht kommt er betrunken nach Hause. Seine Frau erwacht und fragt: »Bist du es, Freddy?«

Faucht er: »Das möchte ich dir aber auch geraten haben.«

*

»Du hast ja einen bildschönen Rausch!« zischt sie ihn an. Lallt er: »Endlich mal etwas, was dir an mir gefällt.«

*

»Jetzt gibt es Gläser, durch die man alles viel schöner sieht – auch die eigene Frau.«

»Die Gläser kenne ich. Sie haben den Vorteil, daß sie ständig nachgefüllt werden müssen.«

*

»Nun ist also auch der Reinhold gestorben.«

»Ja, die Liebe und der Suff, die reiben den Menschen uff!«

»Was, geliebt hat der Reinhold auch?«

»Ja, den Suff.«

*

»Was hat eigentlich deine Frau gesagt, als du nachts um drei betrunken nach Hause gekommen bist?«

»Eigentlich gar nichts. Und die zwei Zähne wollte ich mir ohnehin ziehen lassen.«

»Wieso trinkst du denn den Schnaps direkt aus der Flasche?«

»Ich habe meiner Frau versprochen, nie mehr ein Glas anzurühren.«

*

»Fühlen Sie sich morgens auch immer so zerschlagen, wenn Sie am Abend vorher einen über den Durst getrunken haben?«

»Nein, ich bin Junggeselle.«

Was hat acht Beine und einen IQ von vierzig?

Vier Stammtischbrüder.

»Wenn du wissen willst, warum ich nur halb betrunken nach Hause komme«, sagt er zu seiner Frau, »dann kann ich dir das ganz genau erklären: Ich bin deshalb nicht völlig betrunken, weil mir das Geld ausgegangen ist...«

*

Der Ehemann torkelt nach dem Stammtischbesuch in das Schlafzimmer und knurrt: »Immer mußt du mir widersprechen. Wenn ich guten Abend sage, mußt du natürlich guten Morgen sagen.«

*

»Bei uns dreht sich immer alles um meinen Mann.«

»Kein Wunder, wenn einer einen Schnaps nach dem anderen trinkt.«

»Bevor ich abends ausgehe, wette ich mit meiner Frau, daß ich vor Mitternacht wieder daheim sein werde.«
»Aber es ist doch schon zwei Uhr in der Nacht«, weist ihn der Kneipenfreund hin.
»Ich bin ja auch ein Gentleman und lasse meine Frau immer gewinnen.«

»Mindestens zehn Zentimeter davon sind gelogen«

oder

Der Schlappschwanz

Gespannt verfolgt das Ehepaar den Auftritt des Wunder-heilers im Fernsehen.

»Sie können auch zu Hause am Schirm meine magischen Fähigkeiten überprüfen«, sagt der Wundermann. »Legen Sie die eine Hand auf den Bildschirm, die andere auf die Stelle, die geheilt werden soll.«

Weppelmann legt seine rechte Hand in den Schoß, und da lacht seine Frau zynisch und sagt: »Mach dich doch nicht lächerlich, du sexueller Rohrkrepierer! Er will Kranke heilen und keine Toten auferwecken.«

*

»Ich habe gehört, daß dein Mann einen Unfall hatte«, sagt die Freundin.

»Ja, er ist jetzt inphallide.«

*

»Mit mir ist nichts mehr los. Ich bin impotent.«

»Das ist doch kein Problem«, beruhigt ihn ein Freund. »Leg deinen Kleinen doch in ein Konversationslexikon. Da steht alles drin.«

Warum geben Männer ihrem Penis einen Namen?

Damit sie wissen, von wem ihr ganzes Leben bestimmt wird.

Die flotte Irene liegt neben Elmar im Bett. Er rührt sich nicht, und sie seufzt: »Du bist wie Casanova.«

»Aber der ist doch tot!«

»Eben.«

Er stecht nackt vor dem Spiegel, schaut an sich herunter und sagt: »Wir beide haben doch schon allerhand miteinander erlebt. Dafür solltest du mir dankbar sein.«
Meint seine Frau, die ihn belauscht hat: »Du kannst dich wahrlich nicht beklagen. Er hängt doch richtig an dir.«

*

Schimpft Schipferling: »Du gibst soviel Geld für deinen Büstenhalter aus. Dabei hast du doch gar nicht soviel zu verbergen.«
»Wenn das so ist«, kontert sie schnippisch, »dann hast du allerdings viel zu teure Hosen an.«

*

»Du hast dich also von Lieselotte getrennt?«
»Mir blieb nichts anderes übrig. Ich konnte ihr spöttisches Lachen nicht ertragen.«
»Das verstehe ich nicht. Ich habe noch nie ein spöttisches Lachen an ihr bemerkt.«
»Du warst ja auch nicht dabei, als sie mich neulich zum erstenmal nackt gesehen hat.«

Warum hat ein Mann ein Gen mehr als ein Schwein?

Damit sich sein Schwänzchen nicht ringelt.

Ein Angler sieht Markus, der nackt in den Teich steigen will, und er ruft ihm zu: »Seien Sie vorsichtig! Hier nehmen die Fische schon den kleinsten Wurm an.«

Der alte General, der mit seiner jungen Frau in einer einsamen Villa lebt, wird ständig von zwei Wachtposten beschützt. Eines Abends brennt im Schlafzimmer verdächtig lange Licht, und die beiden Wachtposten schleichen sich an das Fenster und sehen vorsichtig hinein. Da sehen sie, wie die Frau des Generals nackt auf dem Bett liegt, während er, auch im Adamskostüm, mit einer Pistole herumfuchtelt, seine männliche Unzierde betrachtet und brüllt: »Stehenbleiben – oder ich schieße!«

*

Sie wissen nicht, auf welches Pferd sie auf der Rennbahn setzen sollen, und einigen sich darauf, ihre Schwanzlängen zusammenzuzählen.

»Meiner ist sieben Zentimeter lang«, sagt der erste der Freunde.

Der zweite verschwindet in der Toilette, kommt zurück und sagt: »Sechs Zentimeter.«

Der dritte braucht sehr lange, aber schließlich hat er es herausgefunden und verkündet: »Vier Zentimeter.«

Sie setzen auf die Nummer 17, und das Pferd mit dieser Nummer gewinnt tatsächlich.

»Ich bekomme das meiste Geld, weil ich den Längsten habe«, verlangt der erste.

»Sechs Zentimeter sind aber auch was«, sagt der zweite.

»Alles Quatsch!« meint der dritte Freund. »Der Gewinn gehört mir. Wir haben doch nur deshalb gewonnen, weil ich beim Messen gerade eine Erektion hatte.«

*

»Weißt du eigentlich, daß dich dein Mann betrügt?«

»Selbstverständlich.«

»Und du weißt auch, mit wem?«

»Das weiß ich auch, was ich aber nicht weiß, ist: womit.«

Sie fährt ihn an: »Wie oft habe ich dir schon gesagt, du sollst dich nicht vor dem geöffneten Fenster ausziehen!«
»Und warum nicht?«
»Die Nachbarn glauben sonst noch, daß ich dich nur wegen deines Geldes geheiratet habe.«

Warum lesen Sie das hier?
Der Witz ist doch in Ihrer Hand.

(Spruch in einer Männertoilette.)

Er pinkelt an eine Hauswand und merkt nicht, daß ihn zwei junge Damen aus einem benachbarten Fenster beobachten, bis er schließlich doch ein lautes Lachen hört.
Wütend fragt er: »Ist das so lustig?«
»Ach, nicht der Rede wert«, sagt eine der jungen Damen, »aber wir lachen halt über jede Kleinigkeit.«

*

Gespräch am Stammtisch.
Fragt einer: »Was ist wichtiger: ein langer Schwanz oder eine ausgefeilte Technik?«
»Die Technik.«
»Aha, schon wieder einer mit einem kurzen.«

*

Sagt die Freundin: »Trau keinem Mann über dreißig!«
»Warum denn nicht?«
»Mindestens zehn Zentimeter davon sind gelogen.«

Schlendert ein junger Mann im Park an einer Bank vorbei, auf der zwei junge Mädchen sitzen, die ihn von oben bis unten taxieren. »Tolles Profil«, sagt die eine.

»Nicht schlecht«, meint die andere. »Aber es kann auch der Schlüsselbund in seiner Hose sein.«

*

»Herr Ober, ich hätte gern einen Ochsenschwanz und drei Eier.«

»Ach ja, mein Herr, ich auch...«

Was ist der empfindlichste Teil am Penis?

Ganz klar: der Mann natürlich.

Schnauft der anonyme Anrufer: »Hallo, Liebling, wenn du raten kannst, was ich hier in der Hand habe, wirst du dich sofort mit mir treffen wollen.«

»Hör zu, du kleines Ferkel«, antwortet sie, »wenn du ihn in einer Hand halten kannst, bin ich wirklich nicht interessiert.«

*

Jörg und Helmut torkeln aus einem Lokal und begegnen zwei jungen Mädchen.

Eine der Damen sagt: »Schau dir das an, wie die einen hängen haben.«

Grinst Helmut Jörg an und meint: »Komische Weiber! Die können sogar durch die Klamotten sehen.«

»Die arme Julia«, sagt eine Freundin zur anderen, »muß einem wirklich leid tun. Denn ihr Mann ist vierhundert Prozent impotent.«
»Wieso? Mehr als hundert Prozent geht doch gar nicht.«
»Du hast keine Ahnung. Zu hundert Prozent ist er ja schon seit langem impotent. Aber jetzt ist er noch die Treppe heruntergefallen. Dabei hat er sich beide Hände gebrochen und sich auch noch ein Stück von der Zunge abgebissen.«

Warum haben Frauen keinen Schwanz?

Weil sie ihr Gehirn im Kopf haben.

»Pardon, Herr Baron, aber Ihre Hose steht offen...«
»Experiment, mein Bester. Gestern Hemd aufgehabt und steifen Hals bekommen...«

*

Stolz steht er vor dem Spiegel, betrachtet sein Prachtstück und sagt: »Drei Zentimeter mehr – und ich wäre ein König.«
Lacht seine Frau und sagt spöttisch: »Aber zwei Zentimeter weniger – und du wärst eine Königin.«

*

Judith fragt ihre Freundin: »Was hältst du von Halbstarken?«
»Gar nichts. Die gehen immer so schwer rein.«

Als er seine Hose fallen läßt, grinst sie und sagt: »Donnerwetter! So klein und schon so mutig.«

*

Brummer sagt zum Arzt: »Mein bestes Stück steht dauernd. Was kann ich tun, Herr Doktor?«
Der Doktor untersucht Brummer und meint dann: »Lieber Mann, der muß ja ständig stehen. Zum Hängen ist er doch viel zu kurz.«

Was hassen Frauen?

Wenn Männer einen hängen haben.

»Du brauchst ja eine Frau, die Verstand für zwei hat«

oder

Der Versager

»Warum willst du mich denn nicht heiraten?« fragt er sie.
»Geschöpfe wie ich wachsen nicht auf Bäumen.«
»Stimmt«, gibt sie zu. »Sie schwingen sich gewöhnlich von Ast zu Ast.«

*

»Herr Wachtmeister, können Sie nicht dafür sorgen, daß die Frau im zweiten Stock nicht immer ihren Mann verprügelt?«
»Was ist das denn für eine Frau?«
»Meine.«

*

Friedhelm himmelt auf dem Parkett seine Partnerin an:
»Bevor ich dich traf, war mein Leben wie eine Wüste.«
»Deshalb tanzt du wohl auch wie ein Kamel.«

*

Eine hübsche junge Frau betritt ein Waffengeschäft und sagt schluchzend: »Mein Mann ist gestern tödlich verunglückt.«
»Mein aufrichtiges Beileid, gnädige Frau«, sagt der Verkäufer, »aber ich verstehe nicht, warum Sie deshalb zu mir kommen.«
»Na, ich möchte Ihnen natürlich den Revolver unbenutzt zurückgeben, den ich vorgestern bei Ihrem Kollegen gekauft habe.«

*

»Verdammt«, schimpft der Ehemann, »das Leben mit dir ist wirklich die reinste Hölle!«
»Und warum, bitte schön«, kontert sie, »bringst du dich dann nicht um, damit du endlich deine Ruhe hast?«

»Frau Küpperslust ist zum drittenmal Witwe geworden«, berichtet die Nachbarin.

»Ach, woran starb denn der erste Mann?«

»An Pilzvergiftung.«

»Und der zweite?«

»Ebenfalls Pilzvergiftung.«

»Und der dritte? Sie wollen doch nicht sagen, daß der auch...«

»Nein. Der hatte einen Schädelbruch. Er mochte keine Pilze.«

*

»Ich komme immer mehr zu der Überzeugung, Fräulein Irene, daß viele Menschen ihre Dummheit geerbt haben müssen«, verkündet er.

»Ich finde es aber nicht schön«, antwortet sie ihm, »daß Sie so schlecht von Ihren Eltern sprechen.«

Was versteht ein Mann unter Hilfe im Haushalt?

Seine Beine hochzuheben, damit man darunter staubsaugen kann.

Fragt er: »Bin ich wirklich dein einziger Gedanke?«

»Sicherlich. Ein Gedanke, den ich einfach nicht loswerden kann.«

*

»Nur ein Kuß von Ihnen, und ich würde glücklich sterben«, bittet er.

»Ausgezeichnet«, sagt sie. »Hier haben Sie ihn.«

»Was hast du eigentlich deiner Frau zum Geburtstag geschenkt?«
»Mich selbst.«
»Dann paß nur auf, daß sie dich nicht umtauscht.«

*

»Ich verdrehe allen Mädchen den Kopf«, verkündet Fritz.
»Toll, wie machst du das?«
»Weiß ich auch nicht. Aber sobald ich eine ansehe, schaut sie weg.«

*

Die Sekretärin hat den Auftrag, für die Aufsichtsratssitzung genügend Getränke zu besorgen. Kaum haben sich die Herren eingefunden, betritt sie den Konferenzraum.
»Was gibt's denn?« fragt der Vorsitzende unwirsch.
»Ich wollte nur sehen, ob auch alle Flaschen da sind.«

*

Nach einem heftigen Streit jammert er: »Ich wollte, ich wäre tot und man würde mich verbrennen.«
»Das könnte dir so passen, damit immer noch Asche von dir durch die Gegend fliegt.«

*

Fragt die Ehefrau: »Denkst du eigentlich noch manchmal an deine Jugendliebe?«
»Und ob. Margot werde ich nie vergessen.«
»Schade, daß du sie nicht geheiratet hast.«
»Wieso?«
»Weil ich gerade in der Zeitung lese, daß sie gestern ihren Mann umgebracht hat.«

Er: »Ich liebe dich und werde dich nie verlassen.«
Sie: »Das ist ja grauenvoll.«

*

»Ich höre, dein Mann hat eine Abmagerungskur gemacht.
War sie erfolgreich?«
»Phantastisch! Letzte Woche ist er völlig verschwunden.«

*

Für ihren ersten Ball bekommt sie ein herrliches seidenes
Abendkleid.
»Was für eine Pracht!« freut sie sich. »Und das alles
stammt von einem kleinen unscheinbaren Wurm.«
Sagt die Mutter lächelnd: »Sprich nicht so von deinem
Vater!«

*

»Was haben Sie denn auf der letzten Silvesterparty aus
Blei gegossen – einen Hund oder ein Schwein?«
»Einen Schweinehund. Ich habe inzwischen meinen
Mann kennengelernt.«

Wann ist ein Mann eine Mark wert?

Wenn er einen Einkaufswagen durch einen Super-
markt schiebt.

»Du mußt dich schon entscheiden, Liebling«, sagt er.
»Entweder die Dogge oder ich.«
»Pluto«, sagt sie, »begleite den Kerl hinaus!«

»Ich sehe dich gar nicht mehr mit deiner neuen Freundin«, wundert sich ein Kollege. »Liegt es daran, daß sie jetzt eine neue Brille trägt?«

»Nein, sie hat sich von mir getrennt, als sie eine neue Brille bekam.«

*

»Wann hast du denn gemerkt, daß sich deine Frau nichts mehr aus dir macht?«

»Vor ein paar Wochen. Da bin ich die Kellertreppe runtergefallen, und sie hat nur zu mir gesagt: ›Wo du schon mal da unten bist, kannst du auch die Heizung etwas höher drehen.‹«

*

Sagt der Ehemann: »In der Zeitung steht, daß die meisten berühmten Männer völlig unbedeutende Väter hatten.«

»Na«, meint seine Frau, »da hat ja unser Sohn noch eine Chance.«

Wie nennt man einen Mann mit einem IQ von fünfzig?

Beschenkt.

Sie spielt seit vielen Jahren Lotto, und endlich hat sie einen Sechser mit Superzahl. Sie ruft sofort ihren Mann an und sagt: »Ich habe über sechs Millionen im Lotto gewonnen. Pack augenblicklich die Koffer.«

»Wohin fahren wir denn?«

»Wir fahren nirgendwohin. Aber du bist spätestens in einer Stunde für immer verschwunden.«

»Hans-Joachim erinnert mich immer an einen arbeitslosen Lehrer.«
»Warum denn?«
»Keine Klasse, dieser Kerl.«

*

»Als ich noch jung war, hat mir mein Vater die Selbstbefriedigung verboten. Er sagte, daß man davon dumm werde.«
Wundert sich seine Freundin: »Und warum hast du nicht auf deinen Vater gehört?«

*

Peterchen hat von der Krankenschwester eine Spritze bekommen, und die Mama fragt: »Hat er sich wie ein Mann benommen?«
»Nein«, antwortet die Schwester, »der Kleine war wirklich sehr tapfer.«

*

»Heinz, ich verstehe nicht, warum du Marion nicht heiraten willst«, sagt seine Schwester. »Das Mädchen sieht doch fabelhaft aus.«
»Das schon, aber ich finde, Marion ist sehr dumm.«
»Ach richtig, du brauchst ja eine Frau, die Verstand für zwei hat.«

*

»Mein Mann raucht wie ein Schlot«, sagt Ricarda zu ihrer Freundin. »Was soll ich bloß tun?«
»Mach es einfach wie ich«, rät die. »Ich habe zu meinem Mann gesagt: Entweder die Zigaretten oder ich.«
»Ja, und?«
»Seitdem bin ich ihn los.«

»Du bist wirklich ein Esel«, sagt sie zu ihrem Mann. »Dir fehlen bloß noch die Hörner.«

»Aber mein Liebling, ein Esel hat doch gar keine Hörner.«

»Ausgezeichnet, dann fehlt dir ja überhaupt nichts mehr.«

*

Ein Streifenbeamter fragt Frau Munkwitz: »Stimmt es, daß Ihr Mann seit drei Monaten vermißt wird?«

»Schon möglich«, erwidert Frau Munkwitz, »aber bestimmt nicht von mir.«

*

»Ich habe Willy gestern durch die Blume zu verstehen gegeben, daß er gehen müsse.«

»Was hast du zu ihm gesagt?«

»Verdufte!«

*

»Ich habe gehört, daß du mit deinem Mann nicht gut ausgekommen bist«, meint eine Kollegin.

»Diese Klatschbasen müssen auch immer übertreiben. Wir hatten nämlich nur einen kurzen Wortwechsel, und anschließend habe ich ihn erschossen. Das war auch schon alles.«

*

»Wolltest du deiner Frau nicht mal einen ordentlichen Vortrag über Sparsamkeit halten?«

»Ja, und das habe ich auch gemacht.«

»Und der Erfolg?«

»Ich rauche nicht mehr.«

»Alle Männer sind verschieden«, philosophiert Simone beim Kaffeekränzchen.
»Meiner leider nicht«, seufzt Petra.

Man weiß: Wenn der Verstand kommt, müssen die Haare weichen.

Bei Männern muß die Glatzenbildung eine andere Ursache haben.

»Warum machen die Mädchen beim Küssen immer die Augen zu?« wundert er sich.
»Wirf doch mal einen Blick in den Spiegel«, rät ihm seine Schwester.

*

»Ich werde dem Chauffeur kündigen«, tobt der Generaldirektor. »Zum drittenmal hat er mich durch seine Fahrweise fast in das Jenseits befördert.«
»Aber Liebling«, bittet ihn seine Frau, »gib ihm doch noch eine Chance.«

*

Drei Blondinen treffen eine gute Fee, die jeder Blondine einen Wunsch gewährt.
Die erste will noch blonder werden – und schwups: sie wird es.
Die zweite will noch schöner werden – und schwups: sie wird es.
Die dritte sagt: »Ich bin superblond und superschön, deshalb möchte ich dümmer werden.«
Und schwups: sie wird ein Mann.

»Woran dachtest du eben, Liebling?«
»An nichts Besonderes«, sagt sie.
»Und ich hatte gehofft, du denkst an mich.«
»Tat ich ja auch.«

*

»Sag mal«, fragt die Freundin, »warum nennst du deinen
Mann immer Bubi? Er ist doch kein Kind mehr.«
»Weißt du, Bubi ist eine Akronym: In Wirklichkeit bedeu-
tet es: bekloppt, unausstehlich, brutal und impotent.«

Was ist ein Mann zwischen zwei Frauen?

Eine Bildungslücke.

»Wie harmonisieren Sie denn mit Ihrem Mann auf dem
sexuellen Sektor?« erkundigt sich der Eheberater.
»Ach, mit so etwas befaßt sich mein Mann nicht. Der will
immer nur seine Ruhe haben.«

*

Er ist nicht mehr ganz jung und heiratet eine Zwanzigjäh-
rige. Drei Jahre nach der Hochzeit verkündet ihm seine
Frau freudestrahlend, daß er Vater werden wird.
Er lächelt und meint: »Da könnte man fast anfangen, wieder an den Storch zu glauben.«

»Jetzt weiß ich endlich,
warum man diese Dinger auch
Nietenhosen nennt«

oder

Der Matratzenschoner

»Ich habe mich jetzt endgültig von Fabian getrennt«, berichtet sie ihrer Freundin.
»Ach, warum denn?«
»Er wußte bei mir seit einiger Zeit nicht mehr ein noch aus.«

*

»Ich bin doch nicht die erste, mit der du geschlafen hast?« fragt sie ihn danach.
»Ganz bestimmt nicht«, beteuert er.
»Na ja, da werden die anderen wohl genauso enttäuscht gewesen sein wie ich.«

*

Sie möchte gern mit ihm ins Bett gehen, aber er stellt sich wie der letzte Idiot an. Schließlich steht sie schon halb ausgezogen vor ihm und fragt: »Möchtest du nicht einmal sehen, wo ich am Blinddarm operiert wurde?«
»Um Himmels willen: nein«, entsetzt er sich. »Ich hasse Krankenhäuser.«

*

»Wirst du mich auch lieben, wenn ich dich beim Bumsen mal enttäusche?« fragt er sie.
»Aber natürlich. Das beweise ich dir doch jedesmal.«

*

Prahlt Edmund: »Das letztemal habe ich es fünf Stunden hintereinander mit Sibylle getrieben.«
»Das gibt es doch gar nicht«, meint sein Kumpel.
»Doch: eine halbe Stunde Vorspiel, eine Minute Orgasmus und anschließend vier Stunden und neunundzwanzig Minuten bewußtlos.«

»Einen Präser, bitte«, verlangt er in der Drogerie.

»Nur einen?« fragt der Verkäufer.

»Ja«, bestätigt er. »Ich bin dabei, es mir abzugewöhnen.«

*

Als er nach einer der üblichen schwachen Nummern seine Jeans wieder anzieht, meint sie boshaft: »Jetzt, weiß ich endlich, warum man diese Dinger auch Nietenhosen nennt.«

*

»Ich möchte Anzeige erstatten«, keucht das junge Mädchen einem Polizisten entgegen, der ihm auf dem Parkweg entgegenkommt. »Ich bin nämlich vor ein paar Minuten von einem Idioten vergewaltigt worden.«

»Und wie haben Sie festgestellt, daß der Täter schwachsinnig ist?« fragt der Ordnungshüter.

»Weil er überhaupt keine Ahnung hatte und ich ihm zeigen mußte, wie es geht.«

Warum bekommen Männer keinen Rinderwahnsinn?

Weil alle Männer Schweine sind.

»Wie war der erste Abend mit deinem neuen Lover?« will die Freundin wissen.

»Ich kam mir wie bei einer Schiffstaufe vor.«

»Wieso?«

»Eine Flasche ist an mir zerschellt.«

Martin ist schrecklich schüchtern, und sein Freund sagt zu ihm: »Paß auf, das ist doch ganz einfach. Du lernst in der Disco ein Mädchen kennen, das dir gefällt. Du gibst ein paar Drinks aus und nimmst das Girl mit nach Hause. Und schon kannst du mit ihr tun, was dir am meisten Spaß macht.«

Meint Martin skeptisch: »Schön und gut, aber was ist, wenn sie überhaupt nicht Halma spielen kann?«

*

Nach einer erbärmlichen Nummer fragt er sie: »Würdest du eigentlich mal gern ein Mann sein?«
»Nein. Und du?«

Es gibt zwei Grundwahrheiten:

1.: Männer sind klüger als Frauen und immer potent.
2.: Die Erde ist eine Scheibe.

Sie treiben es auf einer Parkbank, und als es vorbei ist, fragt sie ihn: »Hast du auch aufgepaßt?«
»Natürlich«, antwortet er. »Ich habe die ganze Zeit nach rechts und links geschaut, ob jemand kommt.«

*

»Liebt dich dein Mann immer noch so wie früher?« erkundigt sich die Mutter.
»Nein, inzwischen habe ich ihm doch schon einiges beigebracht.«

»Ich weiß, wie du jeden Mann impotent machen kannst«, behauptet Lilo.

»Und wie?« fragt ihre Freundin.

»Du mußt den Kerl nur fragen: ›Ist er schon drin?‹«

*

Dem überaus pedantischen Junggesellen ist es endlich gelungen, mit seiner neuen Sekretärin auszugehen.

»Na, wie war's denn?« fragt am nächsten Morgen ein Kollege.

»Ach, ich verstehe die Frauen nicht mehr«, wundert sich der Junggeselle.

»Wieso, hat sie sich gewehrt?«

»Es war so: Zuerst waren wir toll essen, dann waren wir in einer kleinen Bar. Dort haben wir getanzt und etwas getrunken. Bei mir zu Hause habe ich eine Flasche Champagner geöffnet, und als sie sich auf mein Bett legte, fing ich an, mich auszuziehen. Aber kaum hatte ich meinen Anzug vorschriftsmäßig aufgehängt und in meinem Kleiderschrank untergebracht und meine Schuhe auf die Schuhspanner getan, wie sich das gehört, war sie schon aufgesprungen, rausgelaufen und hatte die Tür zugeknallt.«

*

Sie picknicken auf einer Waldlichtung, und sie sagt zu ihm: »Iß nicht soviel, ich schlafe nicht gern mit vollem Magen.«

*

Zwei Männer beschimpfen sich, und der eine sagt: »Du impotenter Schlappschwanz!«

Wehrt sich der andere: »Aber nur bei deiner häßlichen Frau.«

»Ich liebe dich ganz schrecklich«, sagt der junge Mann, zieht sich zurück und setzt sich auf die Bettkante.

»Du hast recht«, sagt seine Gespielin. »Leg dich mal wieder hin, und ich zeige dir, wie man es richtig macht.«

*

Er ist nicht gerade der größte Aufreißer und fragt deshalb seinen Freund: »Was soll ich machen, wenn heute abend die Gloria mich zum erstenmal besucht?«

»Wenn sie da ist, machst du das Licht aus und zündest Kerzen an. Danach öffnest du eine Flasche Champagner und trinkst einen Schluck mit ihr.«

»Und dann?«

»Dann bittest du sie in das Badezimmer, wo du bereits ein duftendes Schaumbad vorbereitet hast.«

»Und wenn sie gebadet hat?«

»Dann frottierst du sie liebevoll ab und bringst sie anschließend in dein Bett.«

»Und was passiert dann?«

»Dann komme ich und erledige für dich den Rest.«

*

Ein nicht mehr ganz taufrischer Schauspieler schäkert in der Garderobe mit einer jungen Nachwuchsschauspielerin. Ein Kollege beobachtet die beiden und fragt: »Und was machst du, wenn sie einverstanden ist?«

*

Sie knutschen auf der Parkbank, und sie sagt: »Liebling, nimm doch bitte deine Brille ab, du zerkratzt mir sonst die Schenkel.« Kurz danach ändert sie ihre Meinung: »Setz bitte wieder deine Brille auf, sonst leckst du noch den ganzen Lack von der Bank.«

Flüstert er ihr ins Ohr: »Du bist meine erste große Liebe.«
Stöhnt sie: »Verdammt, schon wieder ein Anfänger.«

*

Hinterher sagt die flotte Evi: »Macht nur achtzig Mark.
Versager kriegen von mir zwanzig Prozent Rabatt.«

*

»Mit Harald ist es aus«, berichtet sie ihrer Freundin.
»Habt ihr euch gestritten?«
»Nein. Wir lagen nebeneinander in seinem Bett und...«
»Und dann?«
»Dann ist er eingeschlafen.«

*

Sie liegt sehnsuchtsvoll neben ihm im Bett und wartet begierig darauf, daß er Action bringt. Er bleibt jedoch stocksteif an ihrer Seite. Unvermittelt schaut er sie mit großen Augen an und fragt: »Woran denkst du jetzt?«
Sie ist happy und sagt: »An das gleiche wie du.«
»Wunderbar«, freut er sich, »dann wollen wir mal schnell nachsehen, was du Leckeres im Kühlschrank hast.«

Und was ist, wenn Männer doch den Rinderwahnsinn haben?

Dann verjagen sie mit ihrem Schwanz die Fliegen.

»Häkelt er auch seine Anzüge selbst?«

oder

Der Haustrottel

»Demnächst kaufe ich eine Spülmaschine«, freut sich der Ehemann.

»Kommt gar nicht in Frage. Du weißt genau, daß der Arzt dir nach dem Essen Bewegung verordnet hat.«

*

Er steht auf der Leiter und streicht die Decke. Die Leiter wankt, und er fällt krachend auf den Teppich. Sein erster Blick gilt seiner Frau, die, wie immer, auf der Couch sitzt und, wie immer, ein erbauliches Buch liest.

»Lieselotte«, stammelt er und wischt sich die Farbe aus dem Gesicht, »liebste Lieselotte...«

»Ja, was ist?« fragt sie und liest weiter.

»Du weißt ja gar nicht, wie mich dieser Sturz glücklich gemacht hat.«

»Glücklich?« staunt sie.

»Ja, denn seit über zehn Jahren hast du wieder einmal über mich gelacht.«

Was ist die beste Schule für einen Ehemann?

Wenn er so erzogen ist, daß er seiner Frau aus der Hand frißt. So erspart er sich jede Menge Abwasch.

»Meine Frau gehorcht mir aufs Wort«, sagt Zimmermann zu einem Kollegen. »Gestern abend habe ich sie beispielsweise gebeten, mir einen Kessel heißes Wasser zu bringen, und das hat sie ohne Widerrede sofort getan.«

»Du bist ja ein richtiger Tyrann!«

»Überhaupt nicht, aber ich hasse es nun einmal, mit kaltem Wasser abzuspülen.«

»Ich habe den supermodernsten Haushalt, den es gibt«,
sagt Stefan. »Bei mir geht alles automatisch.«
»Und was sagt deine Frau dazu?« fragt sein Freund.
»Nichts. Die habe ich wegrationalisiert.«

*

»Komme ich zu spät?« brüllt der Hausmann und rennt mit
dem vollen Abfalleimer hinter dem Müllwagen her.
»Nein«, sagt der Fahrer. »Springen Sie nur auf.«

*

»Vati, was ist eigentlich ein Bigamist?« erkundigt sich der
fünfjährige Sohn.
»Ein Bigamist«, sagt der Vater und wringt den Lappen
aus, »ist ein Mann, der doppelt soviel Geschirr abwäscht
wie ich.«

*

»Mein Mann ist wirklich unordentlich. Immer verliert er
die Knöpfe an seinen Anzügen.«
»Vielleicht sind sie schlecht angenäht.«
»Vermutlich, denn nähen kann er auch nicht besonders
gut.«

*

»Was machst du eigentlich abends?« erkundigt sich eine
Kollegin.
»Bei uns ist es meist langweilig. Nach dem Abendessen
möchte ich mich gern noch mit meinem Mann unterhal-
ten, aber da räumt er zuerst die Wohnung auf und spült so
lange an, daß ich fast immer schon im Bett liege, wenn er
endlich fertig ist.«

»Wie hast du deine Frau eigentlich kleingekriegt?« fragt der Jungverheiratete seinen Freund am Telefon.
»Um dir das zu erzählen, brauche ich etwas Zeit. Rufe mich in einer Stunde wieder an, dann bin ich mit der Hausarbeit fertig.«

*

Erscheint eine Frau auf dem Polizeirevier und sagt: »Mein Mann ist verschwunden.«
»Und wie sieht er aus?«
»Braune Hose, braune Schuhe, kariertes Hemd... Und sicherlich hat er auch seine rotgepunktete Schürze um.«

*

Er kniet auf dem Boden und schrubbt den Hausgang.
»So etwas fiele mir nicht einmal im Traum ein«, wundert sich sein Freund.
»Ehrlich gesagt, mir auch nicht«, gibt er zu. »Das ist nämlich eine Idee von meiner Frau.«

*

Hausmädchen gesucht lautet das Inserat von Frau Direktor Kölle. Und sie hat auch noch einen besonderen Hinweis beigefügt: *Hausherr ist an gröbere Hausarbeiten bereits gewöhnt.*

*

Sie schreit aus der Küche: »Sitzt du schon wieder auf dem neuen Sofa?«
»Nein, natürlich nicht«, meldet er sich. »Ich sitze auf dem Boden.«
»Dann schlag gefälligst den Teppich zurück, während du meine Schuhe putzt.«

»Mein Mann raucht und trinkt nicht, er geht nicht auf den Fußballplatz, kommt pünktlich nach Hause und erledigt auch noch den ganzen Haushalt.«
»Toll! Häkelt er auch seine Anzüge selbst?«

*

»Können Sie mir bitte Ihren Teppichklopfer leihen?« fragt die Nachbarin.
»Leider nicht.«
»Aber heute ist doch Sonnabend.«
»Ja, aber mein Mann muß auch heute arbeiten.«

Was ist ein Mann in Salzsäure?

Ein gelöstes Problem.

Beim Frühstück sagt er zu seiner Gemahlin und dem Dienstmädchen: »Da habe ich zwei Frauen im Haus, und trotzdem fehlen mir zwei Knöpfe am Hemd.«
»Vor uns brauchen Sie sich nicht zu genieren«, sagt die Putzhilfe. »Nähen Sie sich die Knöpfe in aller Ruhe an.«

*

Sagt die Hellseherin zu der tollen Rothaarigen: »Sie werden schon sehr bald einen schwerreichen Mann heiraten.«
»So, so«, überlegt die sich. »Und was mache ich mit meinem mickrigen Nieselpriem, der bei uns zu Hause gerade die Gardinen wäscht?«

»Warum hast du deiner Frau eigentlich ein so sündhaft teures Eßservice gekauft?«
»Seitdem darf ich nicht mehr abspülen.«

*

Frau Mehlkorn zu einer Nachbarin: »Sie haben so gepflegte Hände. Welches Geschirrspülmittel benutzen Sie?«
»Meinen Mann.«

*

Frau Schlenkerhahn kauft eine Waschmaschine und fragt den Verkäufer: »Ist sie auch leicht zu bedienen? Ich möchte nämlich nicht, daß mein Mann damit nicht zurechtkommt.«

*

»Wie dich deine Frau behandelt – das würde ich mir nie gefallen lassen.«
»Ich lasse mir doch nichts gefallen. Wenn sie mir beim Staubsaugen zuschaut, strecke ich ihr sogar manchmal die Zunge raus.«

Was haben Männer und Waschmaschinen gemeinsam?

Wenn man sie anmacht, drehen sie durch.

Ein Freund ruft an und bittet: »Kann ich mal deinen Mann sprechen?«
»Im Augenblick nicht«, sagt sie. »Der Arsch ist nämlich gerade in der Küche und spült ab.«

»Und mein Mann behauptet immer, das Kind sähe ihm ähnlich«

oder

Der Hahnrei

»Was gibt es Neues?« fragt der Freund den Ehemann.
»Meine Frau betrügt mich.«
»Ich habe gefragt, was es Neues gibt.«

*

»Ich muß Ihnen etwas gestehen«, sagt der Nachbar. »Ich
habe ein Verhältnis mit Ihrer Frau.«
»Da sehen Sie mal wieder, wie verlogen sie ist. Mir hat sie
nämlich gesagt, sie hätte ein Verhältnis mit einem gutaussehenden und intelligenten Liebhaber.«

*

Die Ehefrau kommt zum Arzt und bittet um eine spezielle
Untersuchung.
»Warum?« fragt der Arzt. »Sind Sie fremdgegangen?«
»Nein«, antwortet sie, »nicht direkt, es ist nämlich ein gu-
ter alter Bekannter.«

*

Sagt der Bademeister zu dem Ehemann: »Nicht, was Sie
denken. Ich habe nur gerade Ihre Frau wiederbelebt.«
»Sie brauchen sich überhaupt keine Ausrede einfallen zu
lassen«, beruhigt ihn der Mann. »Meine Frau treibt es mit
jedem, den sie erwischen kann.«

*

Ärgerlich sagt der Ehemann zu seiner Frau: »Ich habe es
endgültig satt, bei dir immer nur die zweite Geige zu spielen.«
Schallend lachend antwortet sie ihm: »Du kannst froh
sein, daß du überhaupt noch ab und zu in meinem Orche-
ster mitspielen darfst.«

Aus alter Gewohnheit drückt der frischgebackene Ehemann seiner Frau am Morgen nach der Hochzeitsnacht einen Fünfzigmarkschein in die Hand.

Sie schaut erstaunt den Geldschein an, dann fragend ihren Mann und sagt schließlich: »Du Scheißkerl wirst dich noch wundern.«

Danach steht sie auf, holt ein Sparschwein, stellt es auf den Nachttisch und verkündet: »Ab sofort zahlst du für jede Nummer.«

Einige Wochen später entdeckt er in dem Sparschwein mehrere Hunderter und fragt sie: »Was soll das denn bedeuten?«

Antwortet sie lächelnd: »Glaubst du denn, alle Männer wären solche Geizkrägen wie du?«

*

Nach einem Arztbesuch verkündet die Ehefrau strahlend ihrem Mann: »Ich bekomme ein Kind.«

»Das ist unmöglich«, brummt er. »Ich habe doch immer aufgepaßt.«

Um sich Gewißheit zu verschaffen, besucht der Mann am nächsten Tag den Arzt, der ihm die Schwangerschaft bestätigt.

Wieder wundert sich der Ehemann: »Ich verstehe das nicht, denn ich habe doch immer aufgepaßt.«

»Sehen Sie«, erklärt ihm der Doktor, »das ist wie beim Autofahren: Sie passen auf – und ein anderer fährt Ihnen rein.«

*

»Warum dulden Sie, daß Ihre Frau zwei Liebhaber hat?«

»Was soll ich machen? Ich bin doch in der Minderzahl.«

Sie sagt zum Psychiater: »Ich liebe meinen Mann, aber ich glaube, er ist mir untreu. Was soll ich tun?«

»Sie müssen seine Eifersucht wecken und ihn mal betrügen.«

»Das ist keine Lösung. Das tue ich ja schon seit Jahren.«

*

Rudolf sieht seinen Freund an und sagt: »Mensch, Willibald, deine Denkerstirn macht aber gewaltige Fortschritte.« Er fährt dem Freund liebevoll über die Glatze und fügt hinzu: »Fühlt sich schön glatt an. Fast wie das Popochen meiner Frau.«

Willibald schaut Rudolf fragend an, streicht sich auch über seinen Kopf, lächelt seinen Freund an, nickt und sagt: »Du hast recht.«

Und wie ist das mit vielen Ehemännern?

Die laufen bei ihren Frauen nur unter »ferner schliefen«.

Biggi trifft Gitti. Gitti schiebt einen Kinderwagen. Schaut Biggi hinein und sagt: »Ganz der Papa.«

Stimmt Gitti zu: »Genau. Und mein Mann behauptet immer, das Kind sähe ihm ähnlich.«

*

»Mein Mann behandelt mich wie einen Hund.«

»Wieso?«

»Er verlangt, daß ich ihm treu bleibe.«

Der Ehemann überrascht seine Frau mit einem Liliputaner im Bett und wirft ihr vor: »Du hast doch versprochen, mich nie wieder zu betrügen!«

»Aber du siehst doch«, verteidigt sie sich, »daß ich gerade dabei bin, es mir langsam abzugewöhnen.«

*

»Warst du mir auch treu, als ich unterwegs war?« fragt der Vertreter seine Frau, als er nach einer zweiwöchigen Geschäftsreise zurückkommt.

»Aber selbstverständlich, du Dummerchen. Und sogar mindestens dreimal.«

*

Sie sagt zum Psychiater: »Ich liebe ihn wie verrückt, er liebt mich genauso, wir haben den gleichen Geschmack, er ist reich und schön und im Bett besser als alle anderen Männer...«

»Und wo ist das Problem?« wundert sich der Psychiater.

»Ich weiß nicht, wie ich es meinem Mann beibringen soll.«

Und es stimmt nach wie vor:

Alles, was am Mann schöner ist als am Affen, ist reinster Luxus.

»Ich möchte nur wissen, warum meine Frau, wenn ich mit ihr schlafe, immer die Augen zumacht.«

»Das kann ich dir auch nicht sagen«, meint sein Freund. »Bei mir macht sie das nämlich nicht.«

Zwei Freunde aus Düsseldorf gehen in Hamburg durch die Herbertstraße, und der eine sagt zum anderen: »Ich werde mal ein paar Mark anlegen, um herauszufinden, was die Weiber hier so zu bieten haben.«

Als er zurückkommt, berichtet er: »Sie war ganz gut, aber weißt du, es geht wirklich nichts über meine Frau.«

Nun will es auch der Freund wissen. Er besucht dieselbe Dame und wird hinterher von seinem Freund gefragt: »Und wie war es bei dir?«

»Nichts dagegen zu sagen. Aber du hast recht: Es geht wirklich nichts über deine Frau.«

*

»Seit Jahren verspricht mir mein Mann, seine blöde Eifersucht aufzugeben.«

»Und es gelingt ihm nicht?«

»Keine Spur. Ich sehe es noch kommen, daß er eines Tages auch meinen achten Liebhaber erschießt.«

*

Winfried ist in Kur. Sein Bruder besucht während dieser Zeit immer häufiger seine attraktive Schwägerin, und schließlich kommt es, wie es kommen muß: sie vergnügen sich miteinander im Bett.

Als sie danach ermattet nebeneinander liegen, bittet er: »Küß mich!«

Weigert sie sich: »Kommt gar nicht in Frage. Das kann ich meinem Mann doch nicht auch noch antun.«

*

»Stimmt es, daß Elfriede so sparsam ist?«

»Und wie! Sie geht sogar mit anderen Männern ins Bett, um ihren eigenen zu schonen.«

Sie beklagt sich bei ihrer Freundin: »Seit ich verheiratet bin, macht mir Sex überhaupt keinen Spaß mehr.«
»Und warum?«
»Jedesmal, wenn wir mittendrin sind, kommt mein Mann ins Schlafzimmer und stört.«

*

»Was macht ihr denn da?« brüllt der Ehemann, als er seine Frau mit einem Fremden im Schlafzimmer erwischt.
»Habe ich es dir nicht gesagt?« wendet sich die Frau an ihren Lover. »Dieser Trottel hat wirklich keine Ahnung.«

*

»Hören Sie mal, das ist der Gipfel der Unverschämtheit. Ich erzähle Ihnen, daß meine Frau ein Baby bekommt, und Sie fragen, von wem!«
»Nun regen Sie sich doch nicht so auf. Ich dachte, Sie wüßten es.«

Was haben Männer und Gurken gemeinsam?

Wenn man sie reinlegt, werden sie sauer.

»Meine Frau weint beim Bumsen immer leise vor sich hin.«
»Komisch«, staunt der Freund. »Bei mir lacht sie meistens.«

*

»Ich liebe dich«, flüstert er seiner Frau ins Ohr. »Liebst du mich auch?«
»Ja«, antwortet sie. »Dich auch.«

»Diejenige, die ihren Mann betrogen hat, die hebe die linke Hand«, sagt Petrus zu den fünf Neuankömmlingen. Vier Frauen heben die Hand, und Petrus sagt: »Ihr kommt alle ins Fegefeuer. Auch die Taubstumme.«

*

Er kommt heim und erwischt seine Frau mit einem Fremden im Bett. Wutschnaubend fragt er: »Wer ist dieser Kerl?«
Wendet sich seine Frau an ihren Lover: »Mein Mann hat völlig recht. Wie heißt du überhaupt?«

Was ist, wenn ein Mann bis zum Bauchnabel im Wasser steht?

Es geht über seinen Verstand.

»Hast du gewußt, daß es in unserem Riesenhaus nur einen Ehemann gibt, dem man noch keine Hörner aufgesetzt hat?«
»Ach?« staunt seine Frau. »Und wer ist das?«

*

Sie kommt aufgeregt nach Hause und sagt: »Ich habe eine gute und eine schlechte Nachricht für dich. Die schlechte: ich bekomme ein Kind.«
»Und die gute?« fragt der Ehemann.
»Es ist nicht von dir.«

»Willst du etwa behaupten, daß meine Eifersucht unbegründet ist?« brüllt er seine Frau an.
»Keineswegs, aber du verdächtigst einen falschen Mann.«

*

»Mit deiner Potenz scheint es ja nicht mehr so weit herzusein«, sagt ein Nachbar.
»Stimmt schon, aber ich finde es nicht nett von deiner Frau, das überall herumzuerzählen.«

*

Zwei Bekannte begegnen sich am Flughafen, und der eine sagt: »Meine Frau weiß gar nicht, daß ich heute schon von meiner Geschäftsreise zurückkomme. Ich möchte sie überraschen.«
»Mit wem?« fragt der andere.

*

Beklagt sich der Ehemann: »Warum läßt du mich nie spüren, wenn du einen Orgasmus hast?«
»Weil du nie dabei bist.«

*

»Was wird denn dein Mann sagen, wenn er erfährt, daß auch dein drittes Kind wieder nicht von ihm ist?«
»Was er bei den anderen auch gesagt hat: ›Wer mir meine Rente sichert, ist mir gleich.‹«

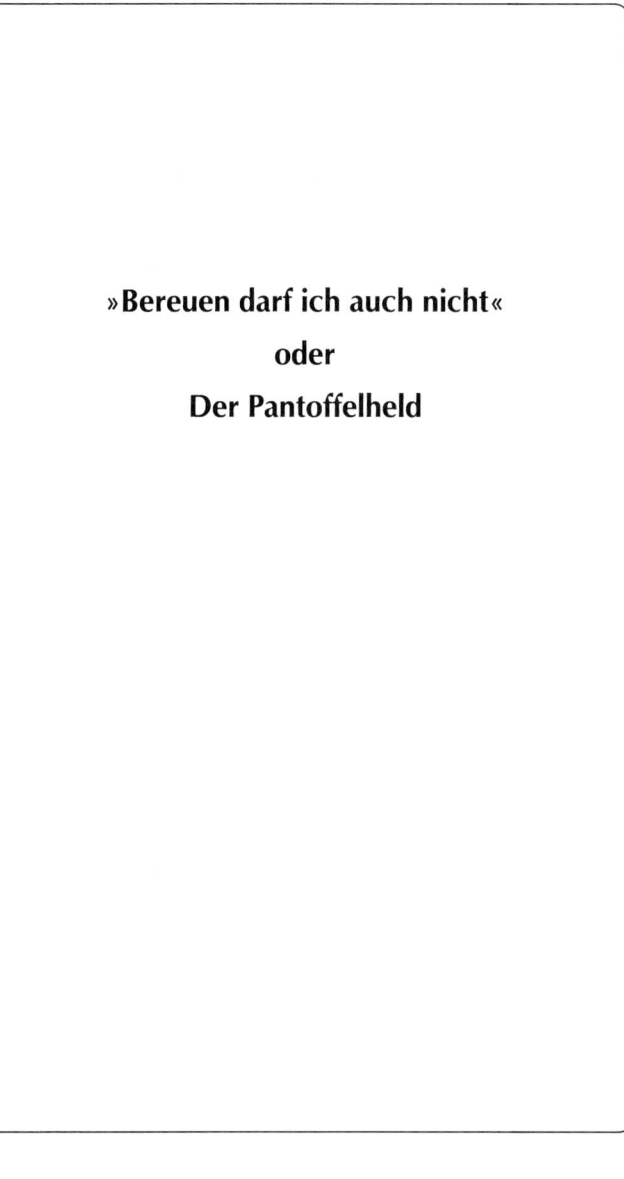

»Bereuen darf ich auch nicht«
oder
Der Pantoffelheld

»Mein Wort ist zu Hause Gesetz«, verkündet er.
»Das wird schon so sein«, meint ein Stammtischkumpel.
»Nur läßt es deine Frau nie in Kraft treten.«

*

Erbost erkundigt er sich bei einem Nachbarn: »Sie halten mich wohl für einen vollkommenen Pantoffelhelden?«
»Nein, denn niemand ist vollkommen.«

*

Jammert der Ehemann: »Ich habe einen Holzsplitter im Finger.»
»Hast du dich am Kopf gekratzt?« fragt seine Frau spöttisch.

Was macht die Frau morgens mit ihrem Arsch?

Sie schmiert ihm ein Brot und schickt ihn zur Arbeit.

»Fürchten Sie denn nicht, daß Vögel Ihnen die ganze Saat wegfressen? Stellen Sie doch eine Vogelscheuche auf.«
»Nicht nötig, mein Mann ist sehr oft im Garten.«

*

»Meine Frau verbietet mir alles. Ich darf nicht rauchen, nicht fluchen, nicht in die Kneipe gehen und auch nicht...«
»Du armer Kerl! Bereust du, daß du sie geheiratet hast?«
»Bereuen darf ich auch nicht.«

»Ich werde mal einen Juristen heiraten«, verkündet Susi.
»Warum?«
»Weil ich mir das sehr interessant vorstelle, ihm gegenüber immer recht zu behalten.«

*

»Hier sehen Sie den kleinsten Mann der Welt!« verkündet der Ausrufer auf dem Rummelplatz.
»Schauen wir uns das an?« fragt Lothar seinen Freund.
»Das Geld können wir uns sparen«, sagt der. »Komm statt dessen mit mir nach Hause. So klein, wie ich bei meiner Frau bin, siehst du nirgendwo mehr einen Mann.«

*

Er versucht es auf die romantische Tour und sagt: »Liebling, du bist mein Dornröschen.«
»Völlig richtig. Jedesmal, wenn ich dich sehe, schlafe ich ein.«

*

»Herbert, nun zeig mir doch endlich einmal, daß du ein Mann bist.«
»Geht nicht. Ich habe meinen Ausweis nicht dabei.«

*

»Meine Kollegin hat ein Heiratsinserat aufgegeben, aber der Erfolg war gleich Null.«
»Ich denke, sie hat einen Mann bekommen?«
»Stimmt. Das ist die Null.«

*

»Gestern war ich mit meinem Mann beim Ausverkauf.«
»Und bist du ihn endlich losgeworden?«

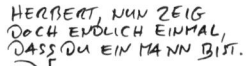

»Mutti, soll ich deinen Brief zum Briefkasten bringen?«
»Unter keinen Umständen. Es gießt ja in Strömen, und da
schickt man keinen Hund vor die Tür. Dein Vater wird
gehen.«

*

»Mutti, ich kann den Antrag von Dennis nicht annehmen.
Er glaubt nicht an Himmel und Hölle.«
»Heirate ihn, mein Liebling. Wir beide werden ihm schon
beibringen, daß es zumindest eine Hölle gibt.«

*

Verabschiedet sich der Freund: »Tschüs, Fritz. Und grüß
deine Frau herzlich von mir – wenn du mal zu Wort
kommst.«

*

»Mama«, fragt der Sohn, »was macht man eigentlich mit
kaputten Autos?«
»Die verkauft man deinem Vater.«

Und wie war das noch damals?

Stimmt. Als Gott den Mann erschuf, muß sie stern-
hagelvoll gewesen sein.

»Was schenkst du deinem Mann zum Geburtstag?«
»Holzwürmer.«
»Was, Holzwürmer?«
»Ja, für das Brett vor seinem Kopf.«

»Meine Frau ist wirklich ein Engel. Sie tut keiner Fliege etwas zuleide.«

»Unsinn, erst gestern habe ich gesehen, wie sie mit dem Teppichklopfer auf dich eingeschlagen hat.«

»Na und – bin ich etwa eine Fliege?«

*

»Jahrelang«, sagt sie zu einer Freundin, »habe ich nicht gewußt, wo mein Mann seine Abende verbringt.«

»Und jetzt hast du es herausgefunden?«

»Ja. Gestern kam ich ziemlich früh nach Hause – und da saß er.«

*

»Zehn Lose habe ich meine Frau bei der Tombola ziehen lassen. Und nicht eines hat gewonnen.»

»Sie scheint auch da ein sicheres Gefühl für Nieten zu haben.«

*

»Aber Inge, du trägst ja den Ehering am falschen Finger!«

»Ich habe ja auch den falschen Mann geheiratet.«

*

Der Altwarenhändler klingelt und fragt: »Haben Sie etwas Überflüssiges oder Unbrauchbares im Haus?«

»Moment«, sagt sie. »Ich hole meinen Mann.«

*

»Mein Mann hat jetzt das Rauchen aufgegeben.«

»Dazu gehört aber ein eiserner Wille.«

»Den habe ich.«

»Gestern habe ich meiner Frau mal ordentlich die Meinung gesagt.«
»Und was hast du erreicht?«
»Mit Mühe und Not gerade noch die Wohnungstür.«

*

Sagt sie zur Nachbarin: »Mit meinem Mann geht es ständig abwärts.«
»Wieso?«
»Na ja, früher lag er mir am Herzen, heute liegt er mir nur noch im Magen.«

*

Jammert er: »Ich weiß überhaupt nicht, was du hast. Schließlich mache ich doch alles, was du willst.«
»Stimmt nicht«, zischt sie ihn an. »Sonst hättest du schon längst eine Fliege gemacht.«

Wie nennt man einen Mann, der 90 Prozent seiner Denkfähigkeit verloren hat?

Einen Witwer.

»Mein Mann hat bei allen seinen Anzügen die linke Schulter durchgewetzt.«
»Hat er so wenige?«
»Nein, aber weil er sonst nichts zu sagen hat, klopft er sich dauernd selbst auf die Schulter.«

MIT MEINEM MANN GEHT ES STÄNDIG ABWÄRTS.
WIESO?
NA JA, FRÜHER LAG ER MIR AM HERZEN, HEUTE LIEGT ER MIR NUR NOCH IM MAGEN.

»An diesem Bleigießen ist doch etwas dran.«
»Wirklich?«
»Bestimmt. Mein Mann hat an Silvester ein Hufeisen gegossen – und heute hat ihn ein Pferd getreten.«

*

»Es gibt nur zwei Dinge, die dich daran hindern, ein guter Tänzer zu sein«, sagt Frau Vongerichten zu ihrem Mann.
»Und die wären?«
»Deine beiden Füße.«

*

»Was, du willst den Friedhelm heiraten?« wundert sich eine Kollegin. »Das ist doch ein Riese.«
»Das macht nichts. Ich werde ihn schon kleinkriegen.«

*

»Unsere Gardinen müssen unbedingt erneuert werden«, verlangt die Ehefrau.
»Ach, das hat doch Zeit. Für deine Predigten sind sie noch lange gut genug.«

*

»Wie ging denn der Krach mit deiner Frau aus?«
»Auf allen vieren kam sie angekrochen.«
»Kaum zu glauben! Und was hat sie gesagt?«
»Komm sofort unter dem Bett vor, du Pantoffelheld!«

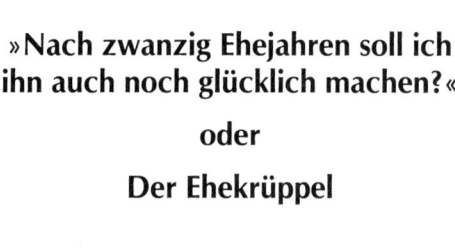

»Nach zwanzig Ehejahren soll ich
ihn auch noch glücklich machen?«

oder

Der Ehekrüppel

Verspricht der Verkäufer: »Dies ist eine besonders gute Pfanne. Sie ist außen aus Edelmetall und innen teflonbeschichtet.«
Sieht Frau Hagedorn ihren Mann an und sagt: »Das ist eigentlich unwichtig. Hauptsache, sie liegt gut in der Hand, nicht wahr, Ferdinand-Johannes?«

*

»Glaubst du an Träume, Irene?«
»Heute nicht mehr. Ich habe meinen Traum vor sieben Jahren geheiratet.«

*

Sie beklagt sich bei einer Nachbarin über ihren Mann und sagt: »Ich verabscheue ihn geradezu!«
»Dann lassen Sie sich doch scheiden«, rät die Nachbarin.
»Sind Sie verrückt?« empört sie sich. »Nach zwanzig Ehejahren soll ich ihn auch noch glücklich machen?«

*

Auf einer Party steht sich plötzlich ein Ehepaar gegenüber, das sich seit Stunden nicht gesehen hat. Die Frau mustert ihren Mann geringschätzig und sagt: »Mein Gott, wie dich ein paar Gläser Champagner verändern.«
»Ich habe überhaupt keinen Champagner getrunken«, protestiert der Mann.
»Aber ich!« sagt die Frau.

*

»Mutti, willst du nicht einmal Blindekuh mit uns spielen?«
»Um Himmels willen, Kinder, nur das nicht! Bei dem Spiel habe ich euren Vater kennengelernt.«

Ein Ehepaar feiert den zwanzigsten Hochzeitstag mit vielen Freunden, und einer der Gäste fragt die Ehefrau: »Wie kommen Sie eigentlich so miteinander aus?«

»Ausgezeichnet, denn wir verstehen uns blind. Wir haben zum Beispiel immer die Handtücher gemeinsam benutzt. Auf dem einen steht ein ›A‹ für Antlitz und auf dem anderen ein ›G‹ für Gesäß.«

»Was sagst du da?« wundert sich der Ehemann. »Ich dachte immer, es hieße Arsch und Gesicht.«

Wie hoch ist der Wert eines Mannes?

12,95 Mark – zwei Überraschungseier und ein Kümmerling.

In Gedanken versunken betrachtet eine Frau ihren Mann. Sie schüttelt den Kopf und sagt: »Wenn du mich wirklich geliebt hättest, würdest du eine andere geheiratet haben.«

*

Vertraut er seinem Freund an: »Ich glaube, meine Frau möchte mich loswerden.«

»Wie kommst du denn darauf? Kümmert sie sich nicht mehr um dich?«

»Eigentlich kann ich mich nicht beklagen.«

»Aber dann ist doch alles in Ordnung.«

»Überhaupt nicht, denn wenn meine Frau nachts glaubt, ich würde schon schlafen, flüstert sie mir immer wieder beschwörend ins Ohr: ›Verrecke, du Arschloch, verrecke endlich!‹«

Als der Besuch gegangen ist, schreit er seine Frau an: »Immer, wenn dir ein anderer Mann schöntut, scheinst du zu vergessen, daß du bereits mit mir verheiratet bist!«
»Du irrst dich gewaltig«, gibt sie ihm Kontra. »Nie ist mir diese Tatsache so bewußt wie gerade in solchen Augenblicken.«

*

Als er am Frühstückstisch erscheint, fragt sie ihn: »Hast du dich auch sauber gewaschen, den Hals, das Gesicht und die Ohren?«
»Ja, mein Liebling.«
»Hast du dich auch richtig rasiert, daß du nicht kratzt?«
»Ja, mein Liebling.«
»Hast du dir die Zähne geputzt?«
»Ja, mein Liebling.«
Da greift sie unter den Tisch, holt Waldi, den Dackel, hervor, streckt ihn ihrem Mann entgegen und sagt: »Dann darfst du dem Hund auch ein Gutenmorgenküßchen geben.«

*

Fragt er: »Was ziehst du vor, einen gescheiten oder einen gutaussehenden Mann?«
»Keins von beiden. Ich habe ja dich.«

*

Frau Fiedler kommt vom Einkaufen mit einem neuen Kleid zurück.
»Wie gefällt es dir?« fragt sie ihren Mann.
»Fürchterlich«, sagt er. »Du suchst dir immer das Unmöglichste aus.«
»Stimmt«, sagt sie mit verkniffenem Mund. »Und den Anfang habe ich mit dir gemacht.«

Er blättert in einem Magazin. Seine Frau bemerkt, daß er sich die Seiten mit tollen Mädchen besonders intensiv anschaut, und fragt ihn: »Findest du, daß die Mädchen da hübscher sind als ich?«

»Nein, mein Schatz«, antwortet er. »So hübsch wie du ist keine von denen.«

»Dich muß man wirklich lieben«, sagt sie. »Du bist immer so nett, so liebenswürdig und so höflich.«

Flüstert er, kaum hörbar: »Und so feige.«

*

Der ältesten Tochter werden immer die Vorzüge eines Mannes geschildert, den die Mutter gern als Schwiegersohn hätte.

Die Tochter will jedoch nichts von dem Mann wissen und erklärt: »Nein, der kommt nicht in Frage. Ich warte, bis der Richtige kommt.«

»Der Richtige?« braust die Mutter auf. »Glaubst du etwa, ich hätte den Richtigen geheiratet?«

Warum sind Blondinenwitze immer so kurz?

Damit die Männer sie auch verstehen.

Er hat ihre Vorwürfe satt und sagt: »Ich will nicht mehr von dir hören, daß ich im Leben noch nichts geleistet habe.«

Sie lacht boshaft auf und sagt: »Na, was hast du denn schon geleistet? Die eidesstattliche Versicherung rechnest du doch wohl nicht dazu!«

Fragt eine Freundin: »Stimmt es, daß Barbara zu ihrem Mann zurückgekehrt ist?«
»Ja, sie hat ihm das Alleinsein nicht gegönnt.«

*

Sagt die Mutter zu ihrer Vierzehnjährigen: »Wie kann man nur so faul, schlampig und widerwärtig sein?«
Wehrt sich die Tochter: »Das kommt daher, daß du einen solchen Widerling geheiratet hast. Es sind die Gene von diesem Kerl, die bei mir durchschlagen.«

*

»Minna«, ruft Frau Tremmel aus dem Badezimmer nach ihrem Mädchen, »wo ist denn der Waschlappen?«
»Aber gnädige Frau, der ist doch schon vor einer halben Stunde ins Büro gegangen.«

Wann sieht eine Frau zu einem Mann auf?

Nur dann, wenn sie unter ihm liegt.

»Kennen Sie meinen Mann?«
»Ja, ich glaube, ich hatte schon das Vergnügen.«
»Vergnügen? Dann kann es nicht mein Mann gewesen sein.«

*

Die Ehefrau steht vor dem Spiegel und betrachtet sich von oben bis unten. Mit Genugtuung stellt sie dann fest: »Dieses Ekel gönne ich ihm.«

»Wieso hat dein Vater beim Beten seine Vorderzähne verloren?«

»Als er bei ›und erlöse uns von dem Übel‹ Mama angeschaut hat, muß ihn die mißverstanden haben.«

*

»Mein Mann hat mir zum Geburtstag ein Schwein geschenkt.«

»Das sieht ihm ähnlich!«

»Wieso, haben Sie es schon gesehen?«

*

»Ich hatte vorhin einen schrecklichen Streit mit meiner Frau«, erzählt er am Stammtisch.

»Und wer hat das letzte Wort behalten?« fragt ein Zechkumpan.

»Ich natürlich.«

»Bravo, und was hast du gesagt?«

»Hol's der Kuckuck, dann kauf dir halt das Kleid!«